mars 1785
6 mars
f. protto
paillets
Catalogue

CATALOGUE
DES TABLEAUX,
DESSINS, ESTAMPES,
BRONZES ET PORCELAINES,

Du Cabinet de M. *** *Sprott*

DONT la Vente se fera le Jeudi 6 Mars 1783, de relevée, rue de Richelieu, Hôtel de Louvois.

Les Amateurs pourront voir les objets qui composent cette Vente, le Mercredi 5 & Jeudi 6, depuis dix heures du matin jusqu'à une heure.

Plusieurs de ces Tableaux sont de bons Maîtres, en bon état & bien encadrés.

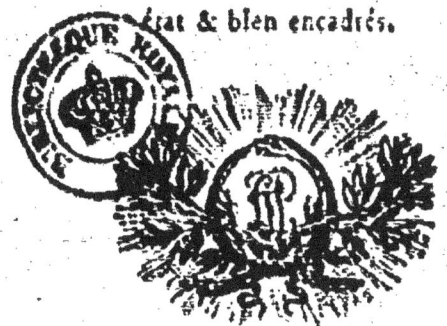

Le présent Catalogue se distribuera,

Chez { PAILLET, Peintre, rue Plâtrière, Hôtel de Bullion ;
Et audit Hôtel de Louvois, pendant les matinées d'exposition.

De l'Imprimerie de PRAULT, Imprimeur du Roi, Quai des Augustins.

M. DCC. LXXXIII.

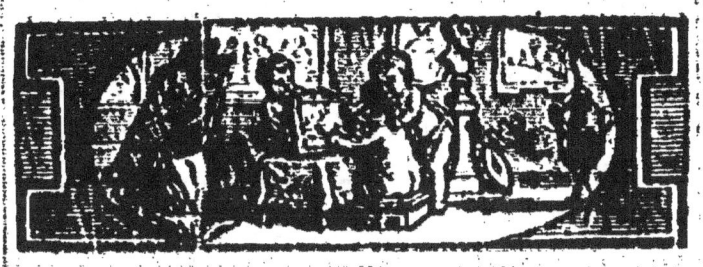

CATALOGUE
DES TABLEAUX,
DESSINS, ESTAMPES,
BRONZES ET PORCELAINES,
Du Cabinet de M.***

TABLEAUX.

ÉCOLE FRANÇOISE.

N°. 1 Un Tableau peint fur toile par *Charles Lebrun*, repréfentant Cléopâtre piquée par un afpic. Hauteur 20 pouces; largeur 30.

2 Tancrède mourant, accompagné d'Herminie. Ce Tableau, dans lequel il y a de

A ij

TABLEAUX.

l'expression, est peint par *Sébastien Bourdon*. Hauteur 30 pouces, largeur 24.

3 Un Tableau, peint sur toile par *Jean Miel*, représentant S. Janvier opérant un miracle. Hauteur 24 pouces, largeur 18.

4 Diane au bain, accompagnée de ses Nymphes, surprise par Actéon. Ce Tableau, d'un beau ton de couleur, est bien peint par *F. de Troy*. Hauteur 36 pouces, largeur 29. Il vient de la vente de Monseigneur le Prince de Conti.

5 Trois Figures, dans un paysage, par *Wateau*. Hauteur 11 pouces, largeur 9. Peint sur toile.

6 Une Esquisse, par *Jacques Vanloo*, représentant Louis XV donnant le Cordon bleu au Comte de Clermont. Hauteur 10 pouces, largeur 12.

7 Deux belles Esquisses, par *C. Vanloo*, représentans différens sujets de l'histoire de Renaud & Armide. Hauteur 16 pouces, largeur 20.

8 Un jeune Garçon, vu à mi-corps, jouant du tambourin. Ce Tableau, peint sur toile

ÉCOLES FRANÇOISE.

par *Grimou*, porte 10 pouces de hauteur sur 8 de large.

9 Deux Tableaux des plus agréables, de *Julliard*, représentans des paysages ornés de plusieurs figures. Hauteur 11 pouces, largeur 8.

10 Un grand Paysage, sans bordure, par le même, & pour figures une Fuite en Egypte.

11 Un Paysage du site le plus agréable & touché avec goût ; on remarque sur le devant plusieurs jeunes femmes qui se baignent. Hauteur 23 pouces, largeur 16.

12 Un Tableau peint sur toile, par *Restout*, représentant Clithie changée en tournesol. Hauteur 10 pouces, largeur 7. Peint sur toile.

13 Des Légumes & Ustensiles de cuisine, peints sur toile par *Chardin*. Hauteur 11 pouces, largeur 14.

14 Deux Tableaux agréables & bien peints par *M. Hallé*. Ils représentent des sujets de pastorales. Hauteur 6 pouces, largeur 9.

15 Une jeune femme assise devant une table, & occupée à dessiner. Ce Tableau est peint

par *Eisen le pere*. Hauteur 8 pouces, largeur 6.

16 Un Tableau du meilleur temps & des plus fins de *J. B. Pater*; il représente l'intérieur d'un salon dans lequel une jeune dame est assise sur un sopha & parle à un homme qui paroît la saluer. Plus loin, on voit une servante qui ferme une porte. Hauteur 11 pouces, largeur 13.

17 Un Paysage agréable, orné de plusieurs figures de jeunes femmes, accompagnées de leurs bergers. Ce Tableau, spirituellement touché, est aussi de *J. B. Pater*. Hauteur 11 pouces, largeur 15.

18 Un sujet de deux Figures dans un paysage, peint sur toile par *le même*. Hauteur 10 pouces, largeur 9.

19 Deux Paysages agréables & très-terminés, par *M. Olivier*; dans l'un, on remarque des pêcheurs dans un bateau; dans l'autre, une femme qui conduit des vaches. Hauteur 12 pouces, largeur 15, sur toile.

20 Un Tableau agréable & bien peint, par *M. de Beaufort*, représentant Angélique & Medor dans un paysage. Hauteur 9 pouces, largeur 11.

ECOLE FRANÇOISE.

21 Un Paysage, sur le devant duquel passe une riviere où des Blanchisseuses lavent du linge. Ce joli Tableau est peint par *M. Robert.* Hauteur 13 pouces, largeur 9. 69. 1

22 Une Fontaine pittoresque, ornée de figures dans le genre du précédent, par le même. Hauteur 9 pouces, largeur 7. 58

23 Une Esquisse, représentant un Attelier dans lequel *M. Robert* s'est représenté dessinant un Buste. Hauteur 13 pouces, largeur 16. 40 10

24 Vénus assise dans un paysage, cherchant à retenir Adonis qui part pour la chasse. Ce Tableau, très-terminé, est peint sur toile par *M. Bounieu.* Hauteur 13 pouces, largeur 16. 96

25 Un Tableau de forme ovale, par *M. de Machy*, représentant des ruines d'Architectures. Hauteur 9 pouces, largeur 8. 27

26 Un petit Tableau, par *le même*, représentant l'intérieur d'une écurie. 21 3

27 Un Tableau peint d'après nature, par *M. Houel*, représentant une vue du mont Vésuve. Hauteur 13 pouces, largeur 20. 47

28 Deux Tableaux de forme ovale, par *M. Pillement ;* ils représentent de riches pay- 201

A iv

8 TABLEAUX.

ſages, ornés de figures & animaux. Hauteur 20 pouces, largeur 24.

48   29 Un Tableau, par *Lacroix*, repréſentant un incendie. Hauteur 8 pouces, largeur 12.

36   30 Une Fuite en Egypte. Ce Tableau, de forme ovale, eſt peint par *Clermont*. Hauteur 24 pouces, largeur 14.

166 5 31 Deux Payſages des plus fins de *Lantara*; ils ſont ornés de pluſieurs figures, par *M. Taunay*. Hauteur 10 pouces, largeur 16.

101   32 Un Payſage avec figures, par *M. du Bucour*. Hauteur 12 pouces, largeur 16.

47   33 Un Tableau, par *Saint-Aubin*, repréſentant une femme qui alaite un enfant. Hauteur 15 pouces, largeur 13.

18 19 34 L'intérieur d'une Grange, dans lequel on voit deux femmes qui arrangent des œufs dans un panier. Ce Tableau eſt peint ſur bois, par *M. Coribert*. Hauteur 10 pouces, largeur 9.

149   35 Deux Vues de Rome, par un élève de *Gaſparo*. Hauteur 21 pouces, largeur 28.

29 1 36 Un Payſage & figure, par *M. Breandet*.

77   37 Un Tableau, bien peint & d'un grand

effet, par *M. Huet*. Il repréfente des voyageurs dans la campagne & effrayés par un coup de tonnerre. Hauteur 16 pouces, largeur 20.

TABLEAUX FLAMANDS
ET HOLLANDOIS.

38 Un Payfage, dans lequel on voit un défilé de Cavalerie. Ce Tableau eft peint fur bois par *Momper*. Hauteur 17 pouces, largeur 20.   39.19

39 Un Homme de loi dans fon cabinet, recevant des payfans qui lui apportent du gibier & des fruits en préfens. Ce Tableau, dans lequel il y a plufieurs autres figures & divers acceffoires analogues à cette compofition, eft peint par *Thomas*. Hauteur 24 pouces, largeur 30.   159.19

40 Un Payfage très-fin, par *J. Breughel*; il eft orné de plufieurs figures de Cavaliers & autres. Hauteur 5 pouces, largeur 8.   100

41 L'Intérieur de l'Eglife d'Anvers, orné de plufieurs figures, par *Franck*. Ce Tableau,   500

10 TABLEAUX.

d'un bon effet, est peint sur bois, par *Peetersneef*. Hauteur 20 pouces, largeur 26.

72   42 La Vue d'un Village de Flandres pendant une foire. Ce Tableau est peint sur bois, par *Molnaert*. Hauteur 32 pouces, largeur 26.

48 19 43 L'Intérieur d'une Tabagie où des paysans sont à table. Ce Tableau est peint par *Van Elmont*. Hauteur 8 pouces, largeur 12.

360   44 Un Tableau de forme ronde, peint sur bois, par *D. Teniers*; il représente un sujet de cinq figures de paysans dans une tabagie; on remarque sur le devant un homme assis sur un billot & fumant sa pipe. Ce Tableau, d'une belle couleur, est un de ceux qui méritent distinction dans cette Collection. Diamettre 8 pouces.

70   45 Jésus-Christ & la Samaritaine, par *le même*; pastiche dans le genre italien. Hauteur 13 pouces, largeur 10.

16   46 La Vue de plusieurs Maisons de Hollande, situées sur le bord d'un canal. Ce Tableau, d'un effet vrai, est peint par

ÉCOLES FLAM. ET HOLL.

Berkeyde. Hauteur 16 pouces, largeur 20.

47 Un payfage, fur le devant duquel on voit un homme qui tient un cheval par la bride & près d'un arbre ; plus loin font deux figures. Ce Tableau, peint par *Wouvermans*, a fouffert dans quelques parties, mais il paroît bien réparé. Hauteur 13 pouces, largeur 10.

48 Un Tableau du bon temps de *Winantz*, & parfaitement confervé ; il repréfente la porte d'une ferme, un colombier & quelques figures. Hauteur 13 pouces, largeur 10.

49 Un Payfage, peint fur bois, par *Brower*, dans lequel on voit des payfans qui s'amufent à danfer. Hauteur 7 pouces, largeur 9.

50 Un Payfage, avec figures, peint fur bois, par *Salomon Ruifdaal*. Hauteur 13 pouces, largeur 18.

51 Un autre Payfage avec Baraque de pêcheurs, par *Deker*, dans le genre de Ruifdaal. Hauteur 16 pouces, largeur 22, fur bois.

52 Un Payfage des environs de Harlem,

22 TABLEAUX.

par *Van Goyen*. Hauteur 9 pouces, largeur 11.

53 Cephale & Procris. Ce Tableau, qui tient à la maniere de Polembourg, est peint par *Vertengen*. Hauteur 8 pouces, largueur 11.

54 Un Paysage, avec figures de femmes qui se baignent; peint sur bois par *Varege*. Hauteur 10 pouces, largeur 16.

55 Un Tableau, par *France de Liege*, représentant une femme qui monte sur un lit sortant du bain. Hauteur 8 pouces, largeur 7.

56 Le Portrait d'une dame, représentée à mi corps & vue par une croisée. Ce Tableau, bien peint, tient à la maniere de Gonzales. Hauteur 10 pouces, largeur 9.

57 Un Tableau, peint sur marbre, par un disciple de *Rubens*; il représente le temps qui enleve la vérité. Hauteur 4 pouces, largeur 7.

58 Un Tableau, précieusement copié par *Biscaye*, d'après Carle de Moor; il représente un Paysage, & pour principale

ÉCOLES FLAM. ET HOLL.

figure, une femme qui joue de la mandoline.

59 Une Cuisiniere Hollandoise, représentée devant l'appui d'une croisée récurant un chaudron. Ce Tableau nous paroît être une bonne copie d'après *G. Metzu*.

60 Treize Tableaux, qui formeront plusieurs lots, dont une belle Esquisse, par *M. Lagrenée* le jeune.

61 Un Sujet de trois Figures, d'après *Boucher*; on remarque une femme sur un lit qui caresse un chat.

62 Un Choc de Cavalerie, peint sur toile, dans le genre de *Martin*.

63 La Hacheuse d'oignons, copié d'après *Gerard Dow*.

64 Quelques Tableaux qui seront détaillés sous ce N°.

DESSINS SOUS VERRES.

65 Un Dessin très-fin & légerement colorié, par *M. Lavreince*; il représente un Salon de jeux, dans lequel on compte onze figures agréablement distribuées.

DESSINS.

66 Un autre joli Dessin, par *le même*, représentant une jeune dame dans son appartement, assise près d'une cheminée & occupée à lire.

67 Un Sujet de Diane & Endimion, peint à la gouasse, par *Mademoiselle Loir*.

68 Un Paysage & Figure lavé à l'encre de la Chine, & mêlé de sanguine, par *M. Robert*.

69 Quatre Dessins, coloriés, par *Saint-Aubin*.

70 Divers Dessins, dont on formera plusieurs lots.

71 Trois morceaux en miniature, dont une Amphitrite, par *M. Charlier*.

72 Deux Sujets coloriés, par *Ph. Carême*; l'un représente une Ecurie, l'autre un Cavalier à la porte d'un cabaret.

73 Un Paysage & Animaux, dessinés à la plume, par un *des Roses*.

74 Quelques Dessins qui seront détaillés.

ESTAMPES SOUS VERRES.

75 La Lecture & la Conversation espagnoles, d'après *C. Vanloo*, par *Beauvarlet*.

76 Deux Estampes, d'après *De Troy*.

BRONZES, VASES ET PORCEL.

77 Deux autres.

78 Diverses Estampes, aussi sous verres, qui seront détaillées.

BRONZES, VASES D'ALBASTRE ET PORCELAINES.

79 Un beau Grouppe de deux figures, en bronze, représentant Tarquin & Lucrece.

80 Une autre belle Figure en bronze, représentant Echo pleurant la mort de Narcisse.

81 Deux petites Figures en bronze ; l'une représente la Folie ; l'autre, un homme qui tient un panier dans son bras.

82 Le Buste d'Henri IV, sur piédouche, en bronze doré.

83 Deux Bustes, en bronze ; l'un celui de Louis XIII ; l'autre, celui du Cardinal de Richelieu.

84 Un Médaillon, en bronze, appliqué sur un marbre blanc, représentant Henri IV.

85 Une Figure de l'Amour, formant pierre à papier.

16 BRONZES, VASES ET PORCEL.

86 L'Enfant Jésus, en marbre blanc, portant sa croix.

87 Un beau Vase d'albâtre de France, couvert, garni de figures d'enfans, formant les angles, avec gorge, bouton & pied, en bronze doré d'or moulu.

88 Deux autres Vases, de même qualité, aussi garnis en bronze doré.

99 Un Pot à l'eau & sa Jatte, d'ancienne porcelaine, garnie en bronze doré.

90 Deux Vases de Porcelaine ancienne, forme de tinette.

91 Deux Vases de Porcelaine de Saxe, montés en buyre ; l'un est très-endommagé.

92 Un Déjeûné en Porcelaine de Saxe, sur son plateau.

93 Deux Salieres, de même Porcelaine.

94 Deux Animaux couchés, de Porcelaine de Saxe.

95 Un Cabinet en pierre de rapport, Lapis, Agathe, &c. sur pied de bois sculpté & doré.

BIJOUX.

96 Une Boîte d'or de forme ronde, guillochée & à bords gravés.

97

BIJOUX.

97 Une Boîte de chasse, aussi en or, fond satiné, à bords gravés en or de couleur. — 600

98 Une Boîte de cristal de roche, forme de cuvette, garnie de bec, charnière & cercles en or. — 125

99 Une Boîte de carton, doublée d'écaille, renfermant dans son couvercle une méchanique variée par différens sujets, avec médaillon peint, entouré d'un cercle d'or. — 100

100 Un Cadran solaire, marquant les longitudes de tous les pays, avec boussole; le tout en argent. — 57.19

101 Un Etui de Mathématiques, composé de dix-sept pieces en argent & acier, par *le Maire* fils, dans une boîte de Requin fermant à clef, garnie d'entrée, agraffes, charnieres & anneaux d'argent. — 351

102 Deux Tirebouchons dans leur étui. — 25.11

103 Une Tablette d'ivoire, garnie de cinq charnieres en or.

104 Un petit Telescope, par *Baradelle*.

105 Un Couteau à lame de Damas, monté en écaille, garni & incrusté en or. — 25.42

106 Une Bague, entourée de brillants, disposée pour mettre un portrait.

B

BIJOUX.

107 Deux Bagues, qui seront vendues séparément.

108 Plusieurs Figures & Bustes en marbre; Sujets en miniature & Bustes en bronze, qui seront détaillés sous ce N°.

109 Quelques Objets qui seront détaillés dans le cours de la Vente.

FIN.

Lû & approuvé ce 20 Février 1783.
COCHIN.

www.ingramcontent.com/pod-product-compliance
Lightning Source LLC
Chambersburg PA
CBHW030111230526
45471CB00003B/1373